# خاسر

طارق التريري

Published by طارق التريري, 2022.

While every precaution has been taken in the preparation of this book, the publisher assumes no responsibility for errors or omissions, or for damages resulting from the use of the information contained herein.

خاسر

**First edition. June 18, 2022.**



ISBN: 979-8223170822

Written by طارق التريري.

# Also by طارق التريري

**الأعمال الكامله :طارق التريري**

قلبي اللي عِشقِك
على باب الله
على باب الله
لما كانت مصر دوله

**Standalone**

التُهمه عربي
الصُبح في بلادي
إنفصامستان
سُلطان العاشقين
في بلاد الأي حد
قُليل لما بشتاقلي
كُل العساكر كدابين
دم الحُسين
دوايرك
عند باب الحلم
ذكريات الميدان
لاجديد
خاسر
صباح القُدس
شباكي الفاتح ع الشارع

وجع القصيده
فارس بلا مُهره
شهريار لم الحكايه
لاجديد
ماكبرتش ومش عايز اكبر
قادر ربك يفرجها
إبتلاء إن انتا مصري

لكُل مُحبي الشعر

# الشفره

راااجع مهزوم كالعاده
راااجع محنيه الراس
مُش عاااارف افُك الشفره
مُش قاااادر اجارى الناس
كُل الحواديت ب اكرهها
مُش شايف ليها أساس
غير بس يادوب صبارى
كاين ملك الإحساس
ويادوب ب احسب فى خساير
حالم ح انهيها خلاص
لكن كالعاده ب اعاود
وارجع محنيه الراس
وهزايمى عايشها لوحدى
وزمان كان فيه كُراس
من كُتر الغم مليتو
عملو البياع قُرطاس
بيبيع للخلق تسالى
تتسلى وتحكى الناس
بعديها الجزمه تدوسو
وتدوس جواه إحساس
كان حالم مره حيطرح
فجأه بيستقبل فاس
لا انا قادر افُك الشفره
ولاقادر اجارى الناس

# بكباشي الخراب

كان كدبه سخيفه وخالت
ع الكُل وصدقتوه
وخربها سي ناصر افندى
لبسكوا خازوق على ابوه
لا البحر بلعهُم يعنى
ولاجيشنا كمان لقيتوه
فى الصحرا عيالنا اتقتلوا
والراديو بكدب ملوه
بيانات عن إن جيوشنا
على باب القُدس ياهو
كداب العالم كُلو؟
وبيان إذاعتنا اهو
وشوفولنا مُشيرنا ياعالم
متلقح فين صحوه
غطسان بيدلع نفسو
والصنف حشيش على ابوه
مع مُزه عتيقه وخبره
بالفن وباللى جابوه
ومُشيركُم حد رومانسي
مسطول على طول تلاقوه
مُش فارقه معاه غير نفسو
مستكفى ووارث ابوه
ومُشير كانت بالواسطه
وماقالش لحد جيبوه
دى فاتوره حب وناصر
هيمان معتبرو اخوه
وحبيبو العتره وصحابو
والسح دح امبو
ع البكباشي اللى خربها
ونزلتوا بتترجوه

وحياتك ما ح تتنحى
ولا ندى الواد دا لابوه
وحنسيب عدويه يولع
والسح الدح امبو
ع البكباشي اللى خربها
واداكو خازوق على ابوه
من بعد ماكانت دوله
عسكرها خلاص معتوه
وادى حالها الكُل اهو شايفو
عسكرى يديها لاخوه
وراثينها كأنها تركه
عماله تئن ياهو
تشحت من أى مُرابى
والفقر خازوق على ابوه
بكباشي النكسه العره
وخرابكو اللى عشقتوه

# سُخره

طول عُمرى انا فيكى سُخره
وانحت ب الألف ميل
على بال ماتبلى ريقى
أو مره تقولى شيل
كيلة قمح لمسيرك
تتقوت فى السبيل
وبتملى وتدى ياما
تملى وتدى العويل
ولامره يشيلها ليكى
ولا يوم يحفظ جميل
يسأل موجوعه مالِك
ولا بيكونلك دليل
دايماً جاهز بغيرك
دايماً عندو البديل
لكنى ماليش سواكى
وسواكى مالوش مثيل
مُش من قلة أماكن
لكن ليكى السبيل
مفروش بالعشق فيكى
ودموع تنزل تسيل
اول مايهل عطرك
بنسيم يروى العليل
ف انساها السُخره فيكى
وانحت وازيل
من حُزن كتير ماليكى
وحنينك للعويل

# قلبي اللي بطل أمنيات

قلبي اللي بطل أمنيات
مابقاش صبور ع الملحمه
ولا أسر دايم ل اللي فات
مع ذكريات مستسلمه
لحنين طويل شبه الممات
تكتم وتبدء همهمه
وتقول خلاص خلص الكلام
حتى الحروف مش مُغرمه
بالبوح وتطييب الجراح
ملت وصارت مُبهمه
مابقيتش قادره على الكلام
ولا مُستسيغه التمتمه
سلم خلاص ونوى السُكات
كاره ضجيج الأمكنه
والدُنيا والناس والحاجات
ملايين صحاري ملغمه
والحلم ودعتو لممات
والدفن أحسن مكرمه
ثُم الدخول في سُبات طوبل
مع رحله بايخه ومُبهمه
على قلب بطل أمنيات
مابقاش صبور ع الملحمه

# عمه على رمه

عِمه على رِمه
جايف كبير عايب
قاعد بيتمكيج
ويرقق الحاجب
أكشن وحنصور
فجأه بقى الشايب
رقاصه رداحه
بينقى م الطايب
أحكام لسُلطانو
مليانه بمعايب
ماهيش من السُنه
وكلام من السايب
ويكفر الثاير
ويوطى للغاصب
حيموت من التُخمه
ويعبى فى زكايب
ويقولك انتا اصبُر
فى الجنه لك نايب
واركع ماتُخرُجش
ع الحاكم الغالب
حتى ان جلد ضهرك
أو سوى فى معايب
عِمه على رِمه
جايف كبير عايب

# الساقيه

أيام وبتعدى
ثُم اللى بعديها
ساقيه واهى دايره
والتور يدور بيها
ثُم أديك وحدك
بعد اللى بعديها
قاعد كما موميا
متحنطه فيها
كُل استعاذاتك
وحروف معانيها
شبت تبحلقلك
وتشِد ب إيديها
فى عروقك الداميه
مهما تداويها
وانتا اللى بتكفكف
فى دموع سواقيها
أبداً ما بيبطَل
لحن الوجع فيها
هامس أوي لنفسك
قاعد تداديها
بقوا مليارات قهوه
وسجاره تطفيها
واكوام كُتب جنبك
وسطور تعانيها
تدخُل شغاف قلبك
وتشد تطويها
وتهز فى كفوفك
على جرى فيها
صدقنى مُش وحدك
حال الجميع فيها

# ابليس على المنبر

إبلِيس على المنبر
بزبيبه م الامعه
والنحنه الفارغه
والمُحن والدمعه
وساعات بيتمايع
أرجوز كما سُمعه
ماسك خيال ورقه
وبيُخطُب الجُمعه
مختومه من مُخبر
سئ أوى السُمعه
راجعها وختمها
وقفلها بالشمعه
واداها لمُنافق
خُد خُطبة الجُمعه
تسمعها نلقاها
لامه الوَسَخ جامعه
مافيهاش ولا كلمه
غير قَشر ابولمعه
عن طاعة الحاكم
وتقيدلو كام شمعه
والكُل بيتمتم
ويكفكف الدمعه
إمتى بقى يسكُت
يخرس أبو لمعه
زَهَقنا م الجامع
كرهنا فى الجُمعه

# في الصباحات المُريبه

فى الصباحات المُريبه
لما يملاك اليقين
إن بيك الرحله خلصِت
وانقضِت فجأه السنين
وان قطر العُمر عدى
وانتا مربوط الإيدين
لا انتا عارف تحمى حلمك
أو يفارقك دا الآنين
أو تكمل حتى سيرك
وَحل مليانه السنين
بالهزايم والمواجع
والهروب من مين؟ لفين؟
تبتسم تهمس لنفسك
كُل واحد لُه يومين
واليومين عدُم بسرعه
والعوض عند المُعين
يلهمك تُصبر وتحلم
تنتظر إمتى اليقين
فجأه تِنفَض الحكايه
حد بيسبل عينين
بعدها ب تتسمى جُثه
ثُم نعيك كلمتين
ثُم معزا وشُرب قهوه
وبعضُهُم ساهم حزين
والبقيه الوضع عادى
وحُزن يمكن قول يومين
بعدها بينفَض مولد
كُنت عايش فيه سنين
والصباحات المُريبه
حققت فيك اليقين

# أنا الدستور

# أنا الدستور وانا الدوله

وانا ضِل الإله ع الأرض
عبيد انتُم لإحسانى
وانا المالك خيوط الغد
بلادى ونيلى وعبادى
ولافارق معايا حد
قُضاتى وغفرى وجيوشي
وسَحَرَه ع الجميع بترُد
تزين كُل أفعالى
ولو وصلت لبيع العرض
وحنى الهامه للبدوى
وتسليمو كمان الأرض
مادام جاهزه ريالتو
مبادلنى كتير الود
دا غير قُفة شيوخ ضاله
مربيها عشان الرد
تزور شرع والسُنه
وتزرع فى الجميع الفرض
عبادتى والركوع ليا
ف انا ضِل الإله ع الأرض
وانا الدستور وانا الدوله
ولافارق معايا حد

# عم علوكا بتاع المجلس

عم علوكا بتاع المجلس
طالع بايض نازل يفقس
كُل أمالو اليوم دا يعدي
وهوبا بسُرعه يفُض المجلس
نادا لسوسو وتوتو ولولو
وقال لمخيمر ينده جرجس
وصا كمان يستدعوا ماتيلدا
وفايقه وهاله ونجوى ونرجس
يلا بسُرعه ياعم النايب
يلا ياناييه ف ساعه بتلبس
فيه قوانين محتاجه مُناقشه
راح نسلُقها بسُرعه ونجلس
واللى وراه مصلحه يمضيها
وكُلو منافع شُغل المجلس
واللى صرفتو ف يوم يرجعلك
بس تكون فهمان أوى كَيِس
عارف امتى تقول ال حاضر
وموافقين كده قُله ياريس
كُل الوزرا حتمضى وتُبصُم
حسك عامر يادى المجلس
ويمشي علوكا وييجى علوكا
ودوره جديده وبرضو حتفقس
واحد هادى مُسالم خالص
طالع نازل جوا المجلس
كُل همومو المجلس يُبصُم
واحنا بنكتم غيظنا ونحبس

# الزُبى

والحرف أحياناً بخيل
صعب انو يحكى التجربه
مهما امتلكت من الحروف
أو كُنت طاغي الموهبه
تلقى الكلام ماسخ سخيف
من دمو يابسه الأورده
أبهت كتير من ضوء بعيد
حاجبو الضباب والاتربه
يعند معاك ينوي السُكات
يسكُن مداين مُرعبه
صامته وقليل فيها الكلام
حكايتها شايخه ومُتعبه
مُش قادره حتى على القليل
م الصدق وبراءة الصبا
لما الحروف كانت براح
كانت تساع التجربه
تقدر تقول كُل الكلام
من غير ماتسقط في الوبا
من تبريرات وحجج كتير
وحكاوي حامضه مُعلبه
تنقال عشان بس الحروف
مابقتش حمل التجربه
حرفك خلاص أصبح بخيل
والسيل كمان بلغ الزُبى

# يافطه

فاضل ع المجد يافطه
وتغريده وكلمتين
على كام تصريح مجعلص
م الساده المسئولين
وسفيه يطلع يقولك
بُص احنا بقينا فين
مع صوره بحجم كامل
للريس واسماعين
حاضنين بعض بحفاوه
ووراهُم قُطتين
ضاربين ميكب ملعلع
يسحر اتخن تخين
مع عيل خيخه مايع
يُرقُص كده رقصتين
على كام كداب فى زفه
بايعين دم الحُسين
خايفين الفجر يطلع
ويزيح الكدابين
عُشاق هانت حنوصل
للمجد وفجأه طين
على راس كُل اللى ساكن
كهف الخوف اللعين

# أنزل وطبل للدستور

أنزل وطبل قول تمام
ارقص وهز وقول نعم
خُد تاني وياك المدام
واعرض بناتك للرمم
رقص وخلاعه ودين مافيش
وعلينا تتفرج أُمم
وانسى البنات ماليه السجون
وانسى البرئ اللى اتعدم
واحسب يناير كان كابوس
نافق وجود قول ورم
والثوره سونيا والانتصار
وارفع راياتك للرمم
واسمع كلام متصهينين
سايقين بلادك للعدم
كارهين يكونلك يوم مكان
برا الزريبه وكون غنم
طبل وهلل للخراب
ولحلم كان فجأه اتردم
وارقُص على قبر الشهيد
وابصُم كمان ل اللى ظلم
واهتفلو عاش مليون يعيش
وامسح قفاك اللى اتختم

# كُل صباح

فى الصباح المستخبى
خلف مية مليون حكايه
م الخناقه مع المِنبه
للفطار على كام فولايه
كارهه يوم ما القِدره دخلِت
ولا كارهه من البدايه
انها ف مصر استقرت
وانتهت بيها الروايه
تتهرس مع زيت معفن
والرغيف من عيش جرايه
ثُم تضحيه بسيجاره
كُنت شايلها لعزايا
ثُم شفطة بُن ساده
ثُم بحلقة المرايا
فى التجاعيد الكتيره
كُل تجعيده بحكايه
والنزول للناس ودُنيا
كُل خطوه بمية روايه
كُل حد ولُه قناعو
كُل حد ولُه هوايه
والتخصُص حرق دمك
وانتا وحدك فى النهايه
منتظر انسان يقابلك
للأسف كِدب الروايه
كُلُهم زيك بيُصرُخ
منتظر امتى النهايه
والمُتاح لك بس إنك
تدى نفسك بومبونايه

# الميم والصاد والراء

الميم ميم المراره
والصاد صبر السنين
والراء رُعبك وخوفك
ويطول بيك الآنين
لوكان حظ قُليل
ومافيش عندك خزين
من طيب مشي حالك
وتبوس كُل الإيدين
على بال ماتلاقى واسطه
أو زقه من التخين
هلوب أبو كرش واسع
أو طقم معرصين
يداروك فى الشله طبعاً
وتصير هلاس لعين
عارف أصل الحكايه
ومنين؟ بيودى فين؟
أو ع الهامش تعيشها
وتقضيلك يومين
مابين ضغطك وسُكر
تنعى الحظ اللعين
على يوم ساعة ميلادك
وعلى المُخ التخين
اللى مليتو بقصايدك
ووعود الكدابين
صدقت واديك بتُحصُد
كدب وزيف السنين
مستنى تمنى نفسك
بالغله وبالخزين
وبتصحى تلاقى نفسك
موحول غارز فى طين

وبتندب فين طريقك
ومنين؟ بيودى فين؟
يهمسلك حد فاهم
عارف مليان يقين
ويقولك مشى حالك
واحبس دمع العينين
كان قبلك فيها يوسف
متباع وكمان سجين

# ب استخبى

ب استخبى ...
ب استخبى فيكى منى
لما يجتاحنى الآنين
لما حُزنى يجيب فى أخرو
لما تضنينى السنين
لما ب اكره حتى نفسي
واسأل الأيام لفين؟
دايره بيا وساخره منى
وطاحنه فيا العضمتين
لما الاقى الكُل ناكر
ف المحِك فاتحه الإيدين
مُتعبه ولكن ب تنسي
كُل أوجاع السنين
تسندى اللى العضم اللى شايخ
م المرض وتشبى مين؟
فى الفتوه زيك انتى
والأمل مالى العينين
طبطبه وبعديها ب انسى
كسرتى وهمى الدفين
هينه الدُنيا ومافيها
هينه جراح السنين
طول ما حِسك باقى فيها
وانتى مفتوحة الإيدين

# بُكره المحجوز لولادهُم

بُكرا المحجوز لولادهُم
مرهون ان انتا تفوق
وتعافر تنهض تعرف
من حقك بصه لفوق
وكمان من حقك تحلم
وتشمر تنوى ح ادوق
مُش بس عسلها عشانهُم
وعشانك باقى السوق
وتعيش حلمان باللُقمه
فى البُستان المسروق
عمران بنعايم الدُنيا
وتدوقو تكون مشنوق
مع إن الزارع انتا
ويادوب هُما الصندوق
بيلم الخير ويكوش
ولامره يهزو الشوق
يرميلك حتى نصيبك
من كوم خيرات مسروق
لك فيها واكتر منهُم
ما انتا الدايماً محموق
لو حد يدنس توبها
بتفز تفُك الطوق
وبدمك تروى حدودها
تحييها بكُل الشوق
وتعود بعديها أجيرهُم
فى البُستان المسروق
أو تنهض مره وتعرف
من حقك تُسكُن فوق

# خطوتين ثُم ارتعاشه

خطوتين ثُم ارتعاشه
ثُم حاولت المسير
رغم حُزني ورغم همي
رغم أوجاعى الكتير
رغم كُل ما مر بيا
لسا باشتاقلك ياطير
مره تمنحنى اصطبارك
ع الغُنا وعشق الصفير
رغم إنك زيي وحدك
مُجهِده الدُنيا وكتير
بس لسا الحِلم نفسو
واحنا للإحلام أسير
صرنا طبعاً حاجه واحده
وحلمنا نعاند نطير
ننسى شباك الأحبه
والستاير والسمير
خطوتين ثُم ارتعاشه
ثُم ماقدرناش نطير
كان حنين فى القلب خامد
فجأه نارو بتستطير
والحارات نعسانه لسا
كُلو فى فراشو الوثير
والسكون بس اللى طاغى
والوسن مالى الأثير
والستاير كارهه تفتح
لا أميره ولا أمير
ثُم فجأه لقيتنى وحدي
ضِلى كان رافض يسير
واتحايلت عليه نواصل
واتحايلت كمان كتير

بس كان واقف معاند
منتظر عصفور يطير
لما تتفتح الستاير
أو يفوح عطر السمير

# لحيه وجلباب قُصير

لحيه وجلباب قُصير
ويكون صوتك تخين
وسواك باين وطالع
من جيبك ع اليمين
مع عطر يكون مهفهف
وتكحل فى العينين
وتغُض الطرف دايماً
عن حال المحكومين
وتقول الصبر لازم
وتلمع فى اللعين
وتساير أى حاكم
وتوطيلو الجبين
تصبح شيخ المشايخ
وإمام المُخبرين
تفتيلنا ف أى حاجه
إلا ف حالنا اللى طين
وتقول ممنوع خروجنا
على سُلطانا الأمين
رغم ان لا فيه إمانه
ولا يعرف مؤمنين
لكن رد الجمايل
وهواك للمسؤلين
خلاك رمز الديانه
وأمير للمُدمنين
عُشاق نكره حياتنا
نُخرُج من أى دين
إلا الدين اللى عاشق
حُكامنا المُجرمين
يُأمرنا بصبر دايماً
وانتا وهُما الحقيقه

وانتوا الوحي الأمين

# ح يفاوضك ع اللي فاضل

ح يفاوضك ع اللى فاضل
من دينك و الكتاب
و السُنه وحُكم شرِعك
ويقول تجديد خطاب
يهمسلك دا ابن عمك
لازم نصبح صُحاب
بزَنِس و احلم بر احتك
و الزم حد الصو اب
سيبك بقى م العداو ه
و انسى سنين الغياب
و ادخُل حُضن ابن عمك
أربع ويسكى وكباب
خطى بر جلك وسمى
و ادخُل مدن الضباب
دُخانها حشيش و أصلى
وسالو مى اهى فاتحه باب
من مُتعه لكُل عاشق
نايمه ور اخيه الحجاب
بتقولك شد حيلك
يلا نعلى الجو اب
منتظر ه يادوب دخولك
ترتاح بقى م العذاب
وجهاد مايجيبش تمنو
فى بلاد عاشقه اللى خاب
سيبك م السُنه خالص
و الزم حد الكتاب
وكتابهُم و عد بلفور
وتقول نعم الكتاب

# الواسطه ف بر مصر

أوضح من أى حاجه
الواسطه ف بر مصر
بتفوق حتى الديانه
وبتُجبُر أى كسر
بريالة نقوللو باشا
كتكوت بنشوفو نِسر
وعويل يتقاللو تُأمُر
جهبذ بيعيش فى أسر
وغوازى نقول ياهانم
وهوانم ماضغه قهر
تتحايل ع المعايش
وتقول حُكمك يادهر
واسياد تكتم وجعها
وتقول فينك ياصبر
وتموت ساكنه الخرابه
والندل ف ألف قصر
وارجع لتاريخها شوفو
حتلاقى دا طبع مصر

# فاضلك تلبس

فاضلك تلبس ال (كيباه)
تبدِل جُمعتك بالسبت
وتقديسك مراخينك
وعشقك للطاغوت والجِبت
وتركع تدفع الجزيه
لكافر وانتا باصص تحت
تداري ذُلك الباين
هَوانك وانتظار الكحت
لرحم ونسلها فاسد
غوازي مُغرمه بالتخت
وتتكلم خلاص عبري
يا أوسخ ماطرح من نبت
فى صحرا وسابها أشرافها
يجاهدوا فى الوهاد والشط
وأجدادك بقوا فيها بيستتنوا
الهِبات والوقت
مواسم حج والعُمره
وتاكُل من بواقى الفَت
ماكُنتش تعرف الويسكى
وتشبع بعد جوع من نفط
وفجاه ديننا مُش عاجبك
ياواطى ومهما تعلا تحت
نعال كُفار ودايسينك
ياأخرك فى التزام الصمت

# مُش سعيد رمضان عليكم

مُش سعيد رمضان عليكُم
إلا لما القُدس ترجع
إلا لما اللهُ أكبر
فوق مأذن الكون دا تسطع
إلا لما القهر يخلص
إلا لما الدين دا يردع
كُل غاصب م العساكر
أوسفيه عمَال بيخدع
ناس سفيهه وفايته دينها
وحلمانين بالفجر يطلع
كُلو ساكت مستخبي
يُمضُغ الأحزان ويرضع
صار فى دينو الذُل مُمكن
طعم عادى ومُش بيوجع
لما يبقى الكُل راكع
واليهود فى راياتها ترفع

# دُكُهُم زود وجعهُم

دُكُهم زوِد وجعهُم
م الوجع زيدهُم كمان
خلي أيامهُم ملاجئ
يسكُنوا جحور الديدان
طبعُهُم دايماً هُروبهُم
وأقوى مافيهُم جبان
وصفُهُم فى كتابنا واضح
شئ جَلِى ومليان بيان
أنُهُم جايين لموتُهُم
وان دا ف أخر الزمان
وان وعد الحق فيهُم
جاي مُش محتاج رهان
مهما كانت جوله ليهُم
لسا فيه جولات كمان
ولسا جاي عباد لربك
ينحروهُم مهما كان
مهما زاد فى الكون صخبهم
مهما وطا كتير كمان
من كلاب فاكرها منك
بس فجأه الكُل بان
وانكشف زيف المشاعر
وانكشف كدب اللسان
ناس كتير طِلِعت معاهم
ناس كتير جواها بان
أِنهُم صهيونى تافه
وأدنى من صُهيون كمان
دُك ماتاخدكش رحمه
ذُلُهُم لينا الأمان
وانكسارهُم قوه لينا
ول اللي ماليه الإيمان

أنـهُم يادوب نفايه
والقذَر أنضف كمان

# مُش عيب الفقر لكن

مُش عيب الفقر لكن
بيموَت فيك حاجات
احساس ان انتا عايش
والخوف من بُكرا أت
مع حُزن مخلى روحك
ترفع كُل الرايات
تعلن فيك انهزامك
وتخاف م الأُمنيات
ومشاعر فيك بتدبل
أوترحل من سُكات
وتقول للحلم أسف
امتى يكون الممات
مُش عيب الفقر لكن
أحساس مُرعب مُخيف
تفضل نادر حياتك
فى الجرى ورا الرغيف
وتشوف الدُنيا غامقه
تتحايل ع الرصيف
يسمحلك ب استراحه
طبعاً وتنام خفيف
مُش غرضك لأ تخسس
لكن لسا الرغيف
محتاج منك مُحايله
ومحتاج مجهود عنيف
أو واسطه وحد جامد
أو عود منحوت لطيف
يضمنلك بُكرا يمكن
تقدر تلقى الرغيف
مُش عيب الفقر لكن
احساس مُرعب مُخيف

# ماسخه الأيام بدونك

ماسخه الأيام بدونك
مالهاش طعم الحياه
باهت كُل اللى فيها
والهم لمُنتهاه
يابس كُل اللى فيا
والرد يادوب بـ آه
بتزلزل فيا تتنزع
روحى وتفرد خُطاه
حُزن ملازمني بعدك
جرح وعايش معاه
وملامح حد غيرى
من بعد ما ضلى تاه
منى فى زحمة آنيني
سابنى وهجر الحياه
فاتتنى وحن لسنينك
روحى وطلعت معاه

# والحُزن وحدك تُسكُنو

والحُزن وحدك تُسكُنو
ومُدن الغياب
تفتح بيبانها تدخلك
من ألف باب
تفضل تئن من الوجع
ومافيش صحاب
غير بس صمتك
آنتك طول انسحاب
فى بلاد بعيده وموحشه
عاشقه الخراب
بتمُص دمك تمنحك
كُل العذاب
وان مره صفيت توهبك
حد الحراب
وان قُلت اهه بتجلدك
جلد الكلاب
تقفل دوايرك تحبسك
ورا ألف باب
ويضيق براحك
يشتعل فيك الغياب
تتمنى لو نُقطة ندى
أو يوم سحاب
ويطفى فيك كُل العطش
يديك جواب
ليه؟ الحُزن وحدك تُسكنو
ومُدن الغياب

# سلام

اللهُ أكبر
ثُم نهديك السلام
صادق مُجاهد عشتها
ونلِت الختام
أحسن مايُمكن يابطل
صامد تمام
مرفوعه راسك ع الملأ
مؤمن هُمام
ورحلت واقف لك الأسد
سبت اللئام
مرعوبه قاعده بتتنتظر
سوء الختام
ولابد لازم تتنجِر
ومافيش كلام
بعد اللى قالو ف مُصحفو
رب الأنام
بقصاص ولازم ينسكِب
دم اللئام
بعد اما عاثوا وأهدروا
الدم الحرام
اللهُ أكبر
ثُم يهديك السلام
كُل اللى عاشق للبلد
عارف الكلام
دايق مرارهُم ظُلمُهُم
أهل الحرام
عارف بتارك عندُهُم
ف ارتاح ونام

# جنب الحيط

واديك ب تحايل الدُنيا
واديك الماشي جوا الحيط
وبتجادل مع نفسك
وتتخانق كأى عبيط
تلومها تقول وانا مالى
ما كُنت الماشي جنب الحيط
وبرضو بتتكسر تانى
وتتحايل على الحواديت
تحاول تفتح المخزن
ف تتكعبل فى كوم توابيت
وشوش راحت قصص خلصت
وناس قالت خلاص مليت
من الدُنيا ومن ناسها
ومن أوجاعها انا استكفيت
لافادنى كُنت فى حالى
ولافادنى كتير تخطيط
ولافادنى اسايرهُم
ولا ادرا ولا اتخبى
فى جوا الحيط
ياريتنى صرخت انا رافض
وهديتو كمان للحيط

# العزه للثوره

العزه للثوره
والمجد للثايرين
مهما الكلاب تنبح
ويعللوا الخاينين
إن الرُضُوخ لازم
والصبر ع الحاكمين
مهما طغوا وجاروا
أو عملوا مُش عارفين
إن البلد خِربت
وغيطانها والبساتين
نبتت خلاص حنضل
وإن الضروع جافين
وان الدما سالت
وكُلنا الشاهدين
ع الوكسه والخيبه
بس الهامات فى الطين
بتلوم على الثاير
وتجمل الظالمين
وتقولى قدر حتمى
وخلاصنا يوم الدين
والدين ما قالش اسكُت
أو وطى للظالمين
ولاقال يكون ضهرك
حصراً لجلادين
من يوم ما بتشرف
ولحد يوم الدين
ف العزه للثوره
والمجد للثايرين

# المجد للثوره

المجد للثوره
والعزه للثاير
مهما الكلاب باعت
أو بعضُهُم ساير
أهبل بيتخيل
إن الوطن باير
يقدر يجيب زيك
أو سمرا بضفاير
تُصرُخ تقول ثوره
يصحى الجميع فاير
وبينتفض عِزه
نسر ف سما طاير
رافع رايات بُكرا
والبعض فيه حاير
أزاى قِدِر يقدر
ع البلطجى الداير
فى ربوعنا يتباهى
بجنودو وبشاير
إنو مَلَك روحنا
ومسيرنا ومصاير
لكن خلاص هانت
والثوره والثاير
بيحنوا إيد بُكرا
وحيعدموا الجاير
ع الحلم والثوره
واللى انتفض فاير
مهما الكلاب باعت
أو بعضُهُم ساير

# صاين العهود

وحدك بس اللى صاين
ومحافظ ع العهود
مع إن الكُل باعك
مابقاش لهواه وجود
فاتك وحدك بتنزف
وتصبَر فى الوعود
حلمان يُصدُق فى مره
وتشوف الشوك ورود
لكن كالعاده وحدك
مستنى يجيك رودود
مع ان الكُل فاتك
سابك تزرع وعود
وانتا الصاين لوحدك
وانتا اسير العهود
كمل لو كنت تقدر
واستحمل دا الجحود
واكتم جواك آنينك
واقدر على دا البارود
اللى زلزل مشاعرك
بيراودك ع الصدود
لكن يفضل دا طبعك
وحدك صون العهود
وتراهن بُكر يطلع
وتشوف شوكك ورود
خليك وحدك معاند
خليك وحدك شرود
فى ممالك عشق خلصت
راحت مابقاش وجود
غير بس لناس بتجرح
تقتل فيك الورود

وانتا العاشق زمانهُم
والصاين للعُهود

# زحمة كراكيب

زحمة كراكيب ع الفاضى
واصحاب طول ما انتا معاك
وفلوسك جاريه ف إيدك
ف طبيعى الكُل وراك
وطبيعى الكُل حبيبك
وكمان دايب فى هواك
لكن مع أول أزمه
بتلاقى الكُل رماك
على أول ناصيه ويرحل
مابقاش بيهمو رضاك
أو زعلك حتى ماتولع
وياريت تدينا قفاك
حال الأيام والدُنيا
والناس العايشه معاك
على قد ماتقدر تدفع
أو فجأه تبُص وراك
ولا واحد منهُم كمل
أو ناولك حتى دواك
ف ارحم نفسك واعتقها
وبلاش تدهنها بلاك
زحمة كراكيب ع الفاضى
وانتا الكسبان ياهناك
لو خِلصو وفضوا السامر
وسابوك وحدك وياك

# اللي يفاوضك في لُقمه

اللي يفاوضك فى لُقمه
ويراودك ع السكن
ويعايرك إنو سيدك
مع إنو يادوب عَفن
ميكروب هالك حياتك
جوا العِرق اندفن
أصبح كما وسم بارز
مالى الدُنيا بعَطن
قافل باب الأمانى
واعدك بس بكفن
صعب يسيبك تكمل
وتشارك فى الوطن
أو تحلم يوم يعدى
من غير طوابير محن
أو يرجع تُكنه تانى
مهما يدور الزمن
بعد ما جفف ضروعها
واهو سايبك تنطحن
وحدك فى هموم رغيفك
أو بحثك عن سكن

# المجد لأي واحد

المجد لأي واحد
من سُكانها لبلادى
متمرط ع المعايش
وبيتحايل يدادى
يومو المليان مشاكل
مليار جلاد وسادى
لكن لساه معافر
مش ماضغ همو راضى
ولاراكع للإبالسه
ولايوم باس الأيادى
فاكر لسا القضيه
عارف مين الأعادى
مُش ناوى يبيع كرامتو
مع إن البعض عادى
بايع باصم وخاتم
ويقول دا ترامب دادى
مهما بينتف وبرهُم
ف كبيرهُم برضو راضى
مُش فاكر أى حاجه
غير بس حبيب فؤادى
كوشنر جوز الصبيه
ابو وش صبوح ونادى
واللى بغمزة عيونها
مليار مليار لدادى
وان شا الله ماحد حوش
ولاكل حد السنادى
ويجوعوا عشان يصحوا
وانشا الله ماصحوا عادى

# ياابو الأحلام كتيره

يا ابو الأحلام كتيره
بس زمانك ضنين
عُمرو مافكر يصالحك
أو يضحكلك يومين
دايماً عاشق أهاتك
وناصبلك مية كمين
وانتا مصمم تعافر
فى الدُنيا وفى السنين
وتشد الخطوه لكن
مُش قادر تستبين
م الضلمه يادوب طريقك
أو سكة طيبين
وبتزرع ورد يطرح
لكن طرحك لمين؟
بعد ما دبلِت ورودك
وملاك وجع الآنين
يا ابو الأحلام كتيره
بس زمانك ضنين

# رايات

وحدك الرافع راياتك
رغم كُل المهزومين
واللى بايعينوا لدينهُم
والشرف ومكملين
فى السجود ليدوب حُثاله
م الشتات متجمعين
ورغم فقرك رغم جوعك
رغم تكبيل الإيدين
والحصار من كُل ناحيه
غير جيوش الملعونين
اللى بيراودوك تسلِم
مره أو تحنى الجبين
وانتا صامد للنهايه
ولسا طارح فيك يقين
إن لازم فجر يطلع
مهما ح تطول السنين
وان بعد الضلمه طالع
مية شُعاع للمؤمنين
بانتصارهُم ع اللى غاصب
واللى تابعين اللعين
ف ارفع الرايات وكمل
رغم كُل المهزومين

# جيوش العروش

حامى الشرف باع الشرف
رفع البنادق ع البنات
قتل الشباب نزع الحجاب
فاجر أهان الأُمهات
مابقاش يهمو العز فين
بقت الحكايه مُرتبات
بدو الجزيره بيعلفوه
وبينسجولو الأُمنيات
وموقفينو غفير ذليل
لعروش وغابت فى السُبات
ومسيرو حتماً يوم يموت
كما كلب خادم للطُغاة
ومسيرها برضو عروش تزول
ب إيدين رجال عاشقه الثبات
ع الحق والشرع الصحيح
والعزه حتى ولو ممات
عشقانه بُكره مأمنه بيه
ومسيرو فجر الحُر أت
ويضوى فجرو على الجميع
هِلت بشايرو وريحو بات
بيهز فى عروش الجميع
ومسيرو يُكنُس دى الرُفات

# ياقلة حيلتي

ياقلة حيلتي في الدُنيا
ياكدي في الدروب وحدي
وسيري والخُطا بعيده
ومُش قادر ولا بيدي
أراود حلمي عن نفسو
افُضو واخلفو وعدي
واصارحو خلاص ماعاد قادر
شجن روحي على وجدي
وصباري طرح عطشو
فى روحي دبلو لوردي
وتسبيحي في جوف ليلي
وهمهمتي وطول وِردي
ياقِلة حيلتي في الدُنيا
وكدي في الدروب وحدي

# 30/6/2020

و الله ياقلبي و عشت و شفتو
30 /6 سنة 20
و عد الدوله التانيه العُظمى
دولة حِلم المصريين
و اللي و عدنا سيادتو نشوفها
لكن يبدو العيب في العين
عيني و عين أعداء الدوله
م الجرابيع المُش شايفين
عِلم وقوه وفن و عظمه
و عِز و هيبه ورفِعة دِين
و الإنتاج بيزيد ويكفي
نصدر منو لأهل الصين
و الدولارات في السوق مرميه
سعرها نازل كُل يومين
و اهل أوربا بيبوسوا إيدينا
لو نديهُم كده قرشين
و المالديف محجوزه مواسم
للسُياح المصريين
و الأسبان بيبوسوا إيديهُم
إنو خلاص احنا موافقين
حنأجرها مصايف لينا
لأُم رتيبه وأُم حسين
و المساجين في بلدنا ياعمي
يعني يادوب 25
ف احمد ربي انا عِشت وشفتو
30/6 سنة 20...

# اللي عندو ف مصر واسطه

اللي عندو ف مصر واسطه
اقوى من علم وثقافه
كُل شئ مُمكن و هين
والحياه حتة كُنافه
وكُل يوم بيزيد مكانه
كُل مابيزيد هيافه
والكتير يتمنوا ودو
ويشوفوه أخر لطافه
والسبيل للمجد واسطه
والخنوع وكتير هيافه
أما صبرك أما جُهدك
أما عِلمك والثقافه
عندها لخالتك سنيه
وانتوا مابينكُم مسافه
بالسنين يمشوها كداً
اللي مُش غاويين هيافه
ثُم تبقى الموته سودا
من الكمد خلف الخُرافه
إن بُكرا ف مصر مُمكن
للعلوم أو للثقافه

# آيا صوفيا

آيا صوفيا صار ك آيه
بين هدايه وبين غوايه
م اللي عاشق لانتصارو
واللي عايش ك المطايا
ليل نهار يُمضُغ في ذُلو
وانكسارو كالبغايا
والسجود ولأي غالب
واشتياق دفع الجبايه
والحياه كما شِبه رِمه
وامتهان كيد الولايا

# الدُنيا ف مصر فُله

الدُنيا ف مصر فُله
ع الشاشه وفي المواقع
العاشقه تبيع شرفها
ولايوجد أي مانع
تدفع ملايين لتافه
بيلمَع شِبه صايع
علشان يقنِع جنابك
تُصبر ع الجوع ياضايع
تهتِف لخيال مآته
مهما تبور المزارع
وتشوف كُل السواد دا
وتقول أصفر وفاقع
وتنادي بعِلو صوتك
وتطرقع في الصوابع
والله الدُنيا فُله
رغم إنك مرمي جايع
عاش التعريص يابلدي
وتغور أم المصانع
والعِلم وأي حاجه
بتضايق أي صايع
من بياعين شرفهُم
فاتحين كُل المواقع
ل اللي مقضيها باشا
وانتا بتُصرُخ وجايع

# التار ويا الصهاينه

التار ويا الصهاينه
مُش بس ف اسرائيل
ملايين منهُم مابينا
مُش محتاجين دليل
عاشقين كلمة خيانه
بين واطي وبين عميل
والصارخ بالمُهادنه
أو عرش عليه عويل
وبيُحكُم بالوكاله
عاشق دور الذليل
صهيوني بُكل قلبو
واهم حيكون طويل
عُمر وجود الصهاينه
في الأقصى وف الخليل
لكن هيهات ياواهم
في القُرآن الدليل
اقرا الإسراء ح تعرف؟
إمتى الليل الطويل
يخلص وعباد لربك
حيزيلوها اسرائيل
والوهم اللي ف خيالك
وخيال زيك ذليل
يصبح كسراب ويفضل
لطمك وكتير عويل

# ضرايب ع الدعاره

خُدلك نفسين قانوني
وافتح باب المغاره
واُصرُخ على قد عزمك
وابعت مليار إشاره
صحي الشعب المُغيب
قوللو يُرص الحجاره
ويحضر ألف جوزه
ويمسي على الأماره
وماينساش الكواعب
ويا السُمر العذارى
بلدي بتاخُد ضرايب
ع الهبو وع الدعاره

# حد يقول للسنادي

حد يقول للسنادي
بزياده وعيب كده
قربت أجهل واقولك
راح اسوق السيده
والشاذلي مع الدسوقي
وكلام من غير هُدى
من بعد شتاتو عقلي
واعصابي المُجهده
لما اتأمل في حالك
واسمع لمعدده
صرخت من طولو ليلك
وظلام وكتير نِدا
ربي يزيحك تغوري
بزياده خلاص كده
قُمتي بكُل اللي مُمكن
واكتر من مية عِدا
فاضل بس القيامه
وتقولي خلاص رضا
أونطلع من هدومنا
ونسيبهالك سُدى
حد يقول للسنادي
بزياده وعيب كده

# نووي بيروت
# انفجار الميناء

بيروت الليله شافت..
عاشت يوم القيامه
والنووي اللي ف سماها
يديك مليار علامه
الفاعل أمريكاني
صهيوني وبرضو ياما
عُربان بالأسم لكن
منزوع منو الكرامه
وكلام عن شيعي سُني
بعديها يكون نعامه
يدفن في الرمل راسو
ثُم يسلم زمامه
للصهيوني اللي راكب
ع الغُتره وع العمامه
وكلام عن مجد أُمه
فاضل منها اللمامه
والكُل موطي خايف
مرعوب وبيحني هامه
ويسيب بيروت تعاني
وتعيش يوم القيامه
والنووي اللي ف سماها
يديك مليار علامه
مابقاش من نسل يعرب
حد بيرفعها هامه
والدور ع الكُل بُكرا
ونشوف مليار قيامه
بيجهزها الصهاينه
أو نصحى ونحي هامه

# النزول بقى فرض عين

النزول مابقاش كفايه
النزول بقى فرض عين
بعد ماهد الجوامع
والبيوت ع المُغرمين
بالسكُوت والصبر حتى
لو بدا ف قتل البنين
أو سَبَى الطاهرات سجنهُم
من دا كُلو انتا فين؟
منتظر من شعب تاني
ينتقملك من اللعين؟
وانتا قاعد مستريح
بس هيا الراحه فين؟
إلا لما تثور بنفسك
تنتفض ولكُل مين
ينصحك تُصبُر شويه
تلعنو وعندك يقين
بالنزول مابقاش كفايه
النزول بقى فرض عين

# بيهد بيوت الناس

من بعد جنون العظمه
أوهام البلحه خلاص
خلصِت بانت لِبتها
بيهد بيوت الناس
ومدام مُش عارف يبني
ولا حتى يحُط أساس
للأوهام اللي ف عقلو
والمية مليار ترباس
إنو الأوحد في زمانو
وافهم واحد في الناس
من بعد الوعد بجنه
سارح بقزازه وكاس
ووراه طقم الهتيفه
أكبرهم بقى محتاس
مُش لاقي يجمل بلحه
غير بس كلام وخلاص
ووعود من بلحه ببُكرا
نصبح نلقاه هجاص
بيبيع الوَهم الدايم
وبيخدع بعض الناس
واهمين الحال يتعدل
والكُل حيبقى كلاس
نصبح نلاقيه بيخربها
ويهد بيوت الناس
وبيهتف أنا فرعونها
وفاضلي شويه خلاص
ويقولوا عليا نيرونها
بدل البلحه الهجاص

# الجيش

الجيش لا بيحمى غاصب
ولابيهِد البيوت
ولابيمارس سياسه
ولابيزور في صوت
ولايعمل فيها تاجر
ويشارك الناس في قوت
ويبيع سُكر ورنجه
والشاي وكمان زيوت
ولايفتح نادي ليلي
ولا بيلم النقوط
ولافارس ع الغلابه
ولا خادم في البيوت
دا الجيش وف كُل حته
إلا ف وطن التحوت

# لكن أبداً ما الين

رغم الحُزن اللي بيا
والسُهد وطول حنين
والوجد اللي استباحني
لكن مُش ناوي الين
ولا اقولك عودلي تاني
واسعدني ولو يومين
وان مارجعتش لوحدك
ايه فايدتها السنين؟
اللي اترجيت تكونلي
فيها الفرح وخزين
سندي لبُكرا وغُنايا
وونيسي ف كُل حين
ف ان مارجعتش لوحدك
راح اقولُهم كلمتين
عوضي على الله
وح اصبُر
لكن أبداً ما الين
رغم الحُزن اللي بيا
والسُهد وطول حنين

# أحا

احا الصُبح واحا الضُهر
واحا العصر تلات احات
ثُم مساءاً تاخُد احا
لبوسه ياعرص ف غم تبات
يبقى فاضلك خامس احا
في الكوابيس حتشوف ويلات
واحا حتفضل فرض ويومي
فرض كأنو خمس صلوات
يا اللي فاكرها خلاص حتسلِم
مصر الثايره أُم الصبوات
والأبطال من يوم خلقها
رب العرش عظيم الذات
ذكرها ف كُتبو ب أَنها أمنه
وإنها باقيه وكُلو موات
وانتا وكُل كلابك يومكُم
جاي وجايه كتير أوقات
راح نحاسبكُم واحد واحد
بالمنشقه وكمان احات
ف احا واحا واحا
ياللى فاكرنا ف مصر اموات

# مليار تحيه للجلابيه

مليار تحيه للجلابيه
سواء بعمه ولا بطاقيه
من النوبه قبلي وللجعافره
أحفاد نبينا زين البريه
وادخل على اسنا ثُم قناويه
واقصُر يابلد التاريخ ياطيبه
ياطالعه تهتف حُره وأبيه
وسوهاج يابِلدِي
واسيوط صبيه
ثُم لعروسة الصعيد بحالو
ادخُل وسلِم ع المنياويه
والجيزه منها بادئه الشراره
عياط بتنده كرادسه اهيا
كدايه رافعه النشيد بتهتف
والثوره واضحه وقدام عينيا
والدلتا نرمي السلام في طنطا
ثُم البحيره ثُم منوفيه
دمياطي عاشق يعرق وينحت
ازميلو ساكن في المشربيه
ومنصوره دايماً يارافعه سيفك
ع اللي يعادينا ويقول شويه
ويامُرسي يابو المناره عاليه
والعِز كُلو في اسكندريه
مطروح وسينا لاتقول نسينا
أو خدنا يعني الكلام شويه
وف كُل دولا تلقى الرجوله
والعِز كُلو في الجلابيه
ربِت وصانت ولامره هانت
رضخِت وباعت الجلابيه
وولادها هُما اللي جابوا نصرك

والشاذلي يشهد لولاد بهيه
والجمسي قالها نقدر نحارب
مادام أُسودنا قادره وقويه
وعب العاطي صايد لدباباتهُم
متربي واخد ع الجلابيه
وأي طاهر عاشق البلدي
دور في أصلو كان جلابيه
يقلعها يمشي عريان بيرعش
لو برد مره مس البهيه
والعُمر هاين والعشق باين
يفديها دايماً دا الجلابيه
ولابُكرا يطلع وتقوملو قومه
إلا بسيادك بالجلابيه
هُما خزينك وخدامينك
ورصيد حنينك في الجلابيه
سواء بعمه أو شال ولاسه
أو بالطاقيه

# أو عى تصدق

اوعى تصدق إنو ح يرحل
سلمي بكلمة مُش عايزينك
لاو والله مايوم يتزحزح
إلا ان ثورت مليت ميادينك
إلا ان شافك شايل كفنك
ناوي شهاده وعالي جبينك
مابتسمعش لحد يساومك
أو باللُقمه تبيعو لدينك
أوبكلام السحره تأمن
ثُم يعود ويطلع دينك
ف انزل نزلة فارس ناوي
يقيم الحق ويُنصر دينك
كلمه الكُل يقولها بعِزه
ياللي هتفت بمُش عايزينك

# إحنا في الشارع

احنا في الشارع ياخايف
يا اللي لابِد في البيوت
ياللي مُش همأك كرامتك
يا اللي أدمنت السكوت
يا اللي بتقضيها راكع
ل اللي غاصب والتحوت
وانتا بتوسوس لنفسك
لو نِزلت أكيد ح اموت
خدت ايه ؟من ذُل عيشتك
م المُهادنه وم السكوت
وانتا شايف كُلو هاينك
كُلو بيقاسمك في قوت
واحنا في الشارع ياخاين
وانتا لابِد في البيوت
وان كتبها الله وموتنا
موتنا رجاله ونفوت
في الحديد ونقوللو قدك
قد مية مليار طاغوت
المُهم نموت بعِزه
مُش بذِله في البيوت
واحنا في الشارع بنحيا
حتى لو أخرتها موت
وانتا سادي وضد نفسك
وانتا ميت في البيوت

# لسا الأحلام بعيده

لسا الأحلام بعيده
ولا اشتاقت إليك
شاورتلك يلا قرب
ولا بتنقل عليك
وتعاندك كُل مادا
وتزيد الحيره فيك
ناويه تعاملك كعاشق
وتمد إيديها ليك
ولا بلوك انتا لسا
محظور تشتاق إليك
اسأل نفسك وجاوب
حدد وضعك يابيك
وابدأ على أد عزمك
خطي وقربها ليك
خلي الأحلام تقرب
صمم تشتاق إليك
وتجيلك غصب عنها
وكمان تنده يابيك

# قلبي اشتاقلك ياطاهره

قلبي اشتاقِلك ياطاهره
وعلينا ديون كتير
كُل اما انوي خلاص ح ازورك
تحصل ألاعيب كتير
ب اعمل جمعيه لكن
بياخُدها ابن الحقير
هوا وشِلِة عساكرو
ويسيبني على الحصير
قاعد ب اندب في حظي
واسألني ايه المصير
ف اعمِل جمعيه برضو
ياخُدها ابن الحقير
لازم ولابُد طبعاً
والأعيبو كتير كتير
ف بأجل في الزياره
لكن مُشتاق كتير
أرفع إيدي ف رحابك
وادعي على ابن الحقير

# أول مره اتقابلنا

أول مره اتقابلنا
من ألف ألف عام
ليلي كانت صبيه
وال قيس دا كان غُلام
مابيعرفش القوافي
وبيتته في الكلام
والواد عنتر صُغنن
حالم يصبح هُمام
قالي اجي معاك اشوفها
وتعلمني الكلام
فضحكت وقُلت حاضر
خُد بس انتا اللجام
حميلي حصاني يلا
واديه بعض الطعام
واتجدعن ياد ياعنتر
حميه وارجع قوام
ح اخدك تيجي نقابلها
وتشوف يابني القوام
شافها وراجع بيكتب
أول بيت في التمام
كان بيت مكتوب بدمه
عن ثغرِك والحُسام
وسيوف ولا حس بيها
كان مجنون ب ابتسام
لامع من ضي سنِك
واهو صار عارف الغرام
ولسا العُشاق كتيره
نكتب عنهم كلام
من عَزه كثير وروميو
جوليت واهل الغرام

لكن نعسان شويه
ومضطر افصل وانام
ونكمل لما نرجع
عن عشِقك والهيام
من أول ما اتقابلنا
من ألف ألف عام

# مُبدع ياحُزن جداً

مُبدع ياحُزن جداً
عارف بترووح لمين
ل اللي الإحساس دا طبعو
واللي ف قلبو الحزين
من ود ومن مشاعر
معجون كده بالحنين
للصادق مهما كابد
للطيب والأمين
واللي بيقدر يسامح
ويعافر في السنين
ويقضي العُمر صبراً
يُمضغ طول الآنين
لكن دايماً مكمل
في العفو وف الحنين
لوعود أبداً ماطرحت
ولازادت غير آنين
زادت أوجاعو لكن
اتحمل زاد يقين
إن الأيام حتنصِف
لو مره الطيبين
وتفرحهُم شويه
لوحتى بكلمتين
عن إن الصبر طيب
ومسيرها ف يوم تبين
شمس الصدق اللي غايب
وبقالو كتير سنين
مالي الحواديت ولكن
مُش ماسكاه الإيدين
ولاعُمرو ف مره خبط
على باب المحزونين

مُبدع ياحُزن جداً
بس هلكني الآنين
من شوقك ف اختيارك
ولبس الطيبين

# عينك بقى من حياتي

عينك بقا من حياتى
بطل نبَرك عليا
خِف التركيز ياسيدي
خليني ارتاح شويه
وبلاش تحسدني حتى
على لُقمه وبُق ميه
واحلام قلبت كوارث
من يوم طليت عليا
ورأيت سحنة جنابك
خلصت مابقاش بقيه
غير كلمه ونفسي اقولها
وتكون واضحه وقويه
ريح نفسك وسيبني
يمكن تفرج عليا
يا اللي انتا مفضي نفسك
م العالم كُلو ليا
لازق حتى ف منامي
عاد الأحلام عليا
ولاليك في الدُنيا شُغله
إلا يادوبك شويه
بتنامهُم ثُم تصحى
وتركِز تاني فيا
وكأن المُتعه عندك
إنك تُنبُر عليا
عينك بقى من حياتي
يمكن تفرج شويه

# شريك

طبطب على نفسك جامد
لو مالقيتش الشريك
و اهمس قولك ب احبك
ياو احشني وروحي فيك
و اتجنن تاني أكتر
و أُطلب عشا ليه وليك
و ان كان كالعاده فاضي
جيبك ف انده عليك
سلفني ياصاحبي مبلغ
و انا بُكرا ح ارُدو ليك
و ان قال كالعاده لأ
اعمل صعبان عليك
لكن كمل طريقك
و اهمس طبطب عليك
و احلم حتلاقي غيرو
بعبش حتلاقي فيك
و احد قادر يعاند
ويقاوم طبع فيك
إنك عايش لوحدك
مليانه دموع عينك
سيبك بقى منو غامر
فُك الحبل اللي فيك
ر ابطك إنك لوحدك
وحدك ومافيش شريك
دندن لحنك ودندن
و اطلُب عشا ليه وليك
و احجز رحله فخيالك
تذاكر ها فيوم تجيك
من و احد برضو حالم
زيك يلقى الشريك

# سرسجي

اعتِب لو كُنت عاتب
على شئ يُعتب عليه
أما المذكور ف جيفه
أدفن و اردم عليه
حته رقاص وجاهل
مستني حيطلع ايه
غير طبال السياده
والرقص لكُل ايه؟
ممحون يديلو تمنو
وده دور مطبوع عليه
كُل النبت الشيطاني
من أمثال السفيه
فبلاش نبقى النعامه
ونقول دا بيجرا ليه؟
غلمان واللي مراعيهم
معروفه بيعمل ايه
بيلمع كُل تافه
وبيتبنى السفيه
على أد ثقافته طبعاً
وكمان مقدرور عليه
أعجن يعجن ياباشا
والرقص يزيد عليه
تبجيل في كلاب بتنبح
غاويين نُدخل ف تيه
لكن هيهات دا حلمو
للصهيوني الكريه
ف اثبت جواك وقاوم
بتاريخك أبوه تيه
مايهزكش السفاسف
من أمثال السفيه

واهو زيو وزي غير
يتشد سيفون عليه
واعتِب لو كُنت عاتب
على شئ يُعتب عليه
أما المذكور ف جيفه
أدفن واردم عليه

# بايدن باضن عليهُم

بايدن -باضن- عليهُم
والكُل ف الانتظار
مستني حييجي دورو
ويتابع الانكسار
يركع ويقول سامحني
وبلاش تاخُد قرار
ح افضل عبدك ياسيدي
وح اكمل في المدار
وح اكون كلبك ذليلك
وتحددلي المسار
لكن بايدن -مبضين-
ومزرجن والشعار
لازم يتحاسبوا لازم
ف يارُعبك يا انتصار
وبلاش راحت فلوسو
حمودي وحلمو غار
ويايكبش تاني يدفع
لحمايه وطول مرار
ويا إما خاشقجي يحضر
وناخُدلو منو تار
بايدن -باضن- عليهُم
وياطولك ياانتظار
شكل الأيام ح تقلب
بالضنك وبالمرار
كُلو يحضر مواسمو
للغم وللمرار

# فارق

لما تحِس إنك مُش فارق
لملم نفسك غادر فارق
قول للكُل ان انتا مفارق
عود نفسك ع النسيان
سيبهُم خالص غير دورك
بدل حالك روق لأمورك
وأبقى احرمهُم حتى مرورك
وماتظهرش ف أي مكان
ممُكن حتى ولوبالصُدفه
جايز يعني تشوفهُم فيه
خليك قاسي جمد قلبك
و اياك ثانيه تحِن عليه
دايماً خليك فاكر جرحك

# الصمت

وخلاص مابقاش للصمت بديل
وياتقبل أو ترفض في الحال
خُلق الايام ع الأخر ضاق
ماعادتش بتشغل بيك البال
مش وحدك بس دا حال الكُل
والكُل اتغير بيه الحال
ف متستناش شمس تدفيك
أو حد يدُق الباب لسؤال
والكُل خلاص بقا فيه مشغول
والكُل بيرسم فيه ترحال
مش عارف امتى حيوصل فين
لكنو مكمل في الموال
مابقاش بيهمو الحلم كتير
مابقاش بيجاوب حتى سؤال
عن كيفو وحال الدُنيا معاه
عن زهقو وطفشو من الأحوال
والصمت يادوب بيحايل فيه
وساعات مايشوفش من الغُربال
بقا كُل الحلم سكوت وهروب
بقا كُلو بيرسم فيه ترحال

# واتقابلنا تاني صُدفه

واتقابلنا تاني صُدفه
بس مُش نفس الوشوش!
حد غيري وحد غيرك
حد غيرنا مانعرفوش
حد قادر يخفي شوقو
يخفي ويزيد الرتوش
ب ابتسامه! إنتا فعلاً؟
أيه خلاص مابتعرفوش؟
والتفت اداريها دمعه
غصب عني وما انكروش
شئ عجيب زلزل كياني
لوجبل ما استحملوش
كان يقول كُل اللي حاسو
كان يقول وماخباهوش
بس انا قدرت ان اداري
وانتا برضو مابحتهوش
الحنين اللي استباحنا
وقُلنا لأ مانعرفوش
وابتسمنا نلومها صدُفه
وافترقنا وع الوشوش
سيل دموع يمكن يريح
أويزيل زيف الرتوش
وانتظار فى العُمر لحظه
تاني تتلاقى الوشوش
حتى لو...
لو يعني صدُفه
بس واضحه بدون رتوش

# خاسر

للمره الألف خاسر
ورهانك صار سراب
راجع تغزِل في صَبرك
ساكن مُدن الغياب
حالِم تِطرَح سنينك
أو حد يدُق باب
ويقولك كيفو حالك
أو يهديك الجواب
امتى تصالحك سنينك؟
ويخف الأكتئاب
أو يهدا ف مره ليله
ويشيلك م الحساب
إنك دايماً حبيبو
وانك عِز الصحاب
وانو مايستغنى عنك
لو تقفل ألف باب
وتقوللو يغور فى داهيه
تلقاه جاهز الجواب
إنو ما يستغنى عنك
وانك كُل الصحاب
وانك عِشقو الحقيقي
وانك لحن الرباب
والدم اللي ف وريدو
جاري تحت الإهاب

# عيشها

فاضل م العُمر حبه
مُش عارف قد ايه؟
فخلاص قررت اعيشها
من غير دا بكام؟ وليه؟
وازاي حيزيد رصيدي
سبعين تمانين جنيه
أو يضرب يعنى حظي!
بسرير ارتاح إليه
أو اصير نايب في مجلس
كُلو محسبِل عليه
وحُثالة ناس اصاحب
ووضيع اندهلو بيه!
مع إنو كريه وسادي!
ومُش عارف حجمو ايه؟
حتى الكُهنه اللي عاشقه
تتصابى ف أنتريه
عامله الموناليزا لكن؟
تهمس تسمع كريه
من ألفاظ السياده
وربابة عيله ايه؟
فبلاش تنحر في نفسك
وتعيش عُمرك سفيه
مستني المانجا تطرح؟
من طين مدلوق عليه
كُل رصيد اللزاجه
وسماجه وقلب ايه؟
كان مستودع زباله
مستني حيطرح ايه؟
فمدام العُمر حبه
مُش عارف قد ايه؟

عيشها وصونها لكرامتك
من غير دا بكام؟ وليه؟
خليك براه مزادهُم
واقنع باللي انتا فيه

# المحتويات

الشفره
بكباشي الخراب
سُخره
قلبي اللي بطل أمنيات
عمه على رمه
الساقيه
ابليس على المنبر
في الصباحات المُريبه
أنا الدستور
عم علوكا بتاع المجلس
الزُبى
يافطه
أنزل وطبل للدستور
كُل صباح
الميم والصاد والراء
ب استخبى
بُكره المحجوز لولادهُم
خطوتين ثُم ارتعاشه
لحيه وجلباب قُصير
ح يفاوضك ع اللي فاضل
الواسطه ف بر مصر
فاضلك تلبس
مُش سعيد رمضان عليكم
دُكُهُم زود وجعهُم
مُش عيب الفقر لكن
ماسخه الأيام بدونك
والحُزن وحدك تُسكُنو
سلام
جنب الحيط
العزه للثوره

المجد للثور ه
صاين العهو د
ز حمة كر اكيب
اللي يفاو ضك في لُقمه
المجد لأي و احد
ياابو الأحلام كتير ه
ر ايات
جيو ش العر و ش
ياقلة حيلتي
30/6/2020
اللي عندو ف مصر و اسطه
آيا صو فيا
الدُنيا ف مصر فُله
التار و يا الصهاينه
ضر ايب ع الدعار ه
حد يقول للسنادي
نو و ي بير و ت
النز و ل بقى فر ض عين
بيهد بيو ت الناس
الجيش
لكن أبداً ما الين
أحا
مليار تحيه للجلابيه
أو عى تصدق
إحنا في الشار ع
لسا الأحلام بعيده
قلبي اشتاقلك ياطا هر ه
أو ل مر ه اتقابلنا
مُبدع ياحُز ن جداً
عينك بقى من حياتي
شر يك
سر سجي

<u>بايدن باضن عليهُم</u>
<u>فارق</u>
<u>الصمت</u>
<u>و اتقابلنا تاني صُدفه</u>
<u>خاسر</u>
<u>عيشها</u>

# Don't miss out!

Visit the website below and you can sign up to receive emails whenever طارق التريري publishes a new book. There's no charge and no obligation.

https://books2read.com/r/B-A-KEUT-SGZYB

BOOKS 2 READ

Connecting independent readers to independent writers.

Did you love خاسر? Then you should read دوايرك[1] by طارق التريري!

[2]

دوايرك ديوان شعر من سلسلة الأعمال الكامله للشاعر طارق التريري
Read more at tarqablog.blogspot.com.

---

1. https://books2read.com/u/mY6leG

2. https://books2read.com/u/mY6leG

# About the Author

منشوراتي

- في بلاد الأي حد
- قلبي اللي عشقك
- إنفصامستان
- وجع القصيده
- كُل العساكر كدابين
- الصُبح في بلادي
- شباكي الفاتح
- سُلطان العاشقين
- قُليل لما باشتاقلي
- دوايرك
- دم الحُسين
- على باب الله
- صباح القُدس
- عند باب الحلم
- لماكانت مصر دوله

ذكريات الميدان
التُهمه عربي

www.ingramcontent.com/pod-product-compliance
Ingram Content Group UK Ltd.
Pitfield, Milton Keynes, MK11 3LW, UK
UKHW040031200726
13854UKWH00001B/463

9 798223 170822